사랑은 향기가 되어

사랑은 향기가 되어

손 화 숙 시집

지성의샘

♣시인의 말

　봄인가 싶더니 벌써 겨울의 문턱에 들어서는 입동을 맞이하며 못다 한 이야기를 풀어내듯 백지 위에 조심스레 마음을 남겨 봅니다.

　비록 여물지 않은 시이지만 시를 쓰는 동안 마음이 따뜻해져 옴을 느낍니다.

　아프던 마음을 치유할 수 있었던 것도 글을 쓰는 것에 몰두하면서 잊을 수 있었고 글을 쓰며 감성에 젖어 울기도 웃기도 하면서 부끄러운 제 속마음을 백지 위에 풀어 보았습니다.

　인연이란 것은 모를 일입니다.

　책 읽기를 좋아해서 다양하고 많은 독서를 했던 저에게도 글을 쓸 기회를 주신 선생님이 계셔서 얼마나 감사한지, 막상 써보니 자신의 모든 것을 글 속에 드러내 보이는 것 같아서 조금은 부끄럽기도 하지만 이 나이에 이렇게 글을 쓸 수 있다는 것은 얼마나 행복하고 감사한 일인가를 다시금 생각해 봅니다.

그동안 한두 작품씩 모여진 것을 시집으로 내려고 정리를 하면서 더 정진하는 노력을 해야겠다는 생각을 가져봅니다.
　가까이에 사랑하는 가족들과 저를 아는 모든 분들에게 감사한 마음을 전합니다.

　시집이 나오기까지 많은 도움을 주신 정동진 선생님 진심으로 감사를 드립니다.

　여러분!
　사랑합니다.

2022년 어느 가을날
손 화 숙

Contents

■ 시인의 말 _ 4

1부 하얀 그리움 안고

고향 _ 10
도림천 _ 11
대청댐 _ 12
종소리 _ 13
운동화 _ 14
망각 _ 15
별일까 추억일까 _ 16
장마 _ 17
새가 되어 _ 18
고추 _ 20
회초리 _ 21
포인세티아 _ 22
이 나이에 _ 23
명월암 _ 24
회상 _ 25
산소 _ 26

라일락 향기 따라 _ 27
그리움 _ 28
송고버섯 _ 29
행복 _ 30
하모니카 _ 31
햇살 _ 32
웃음 _ 33
조카 결혼 _ 34
메아리 _ 35
훌씨 사랑 싣고 _ 36
그리운 날 _ 37
마음 _ 38
천냥금 _ 39
사랑 _ 40
아들 _ 41
빈자리 _ 42

2부 사랑은 향기가 되어

사랑은 향기가 되어 _ 44
봄비 1 _ 45
기다림 _ 46

별 _ 47
비 1 _ 48
비 2 _ 49

그만 뚝 _ 50
민들레 _ 51
매미 _ 52
결실 _ 53
길상사 _ 54
봄이 오는 소리 _ 55
봄비 2 _ 56
비 온 뒤 _ 57
가을 내음 어디쯤 _ 58
가을비 _ 59
한파 _ 60
싸락눈 _ 61
메뚜기 _ 62
눈 _ 63
산수유 _ 64
가을 _ 65
봄비 3 _ 66
꿈 _ 67
바람 _ 68
해금 _ 69
도서관 _ 70
희망 _ 71
마당바위 _ 72
고무장갑 _ 73
산새 _ 74
오월 _ 75

길 _ 76
저 하늘 _ 77
김장 콘서트 _ 78
여명 _ 79
감동 _ 80
도라지꽃 _ 81
장미 _ 82
분꽃 _ 83
해바라기 _ 84
봉숭아꽃 _ 85
코스모스 _ 86
들꽃 _ 87
잡초 _ 88
동백꽃 _ 89
꽃 _ 90
목련 _ 91
박꽃 _ 92
비비추 _ 93
영산홍 _ 94
벚꽃 _ 95
국사봉 하늘가 _ 96
능소화 _ 97
할미꽃 _ 98
복수초 _ 99
개나리꽃 _ 100

3부 쉬어가는 길목에

고요함 _ 102
산 _ 103
구름 _ 104
촛불 _ 105
두물머리 _ 106
동해 _ 107
커피 _ 108
친구 _ 109

휴식 자리 _ 110
관악산 _ 111
미사 _ 112
포석정 _ 113
토함산 길 _ 115
청설모 _ 117
흔적 _ 118

4부 따스한 온기 품고

유혹 _ 120
마스코트 _ 121
아침 _ 122
노숙자 _ 123
인생 _ 124
알람 _ 125
마이탑사 _ 126
흔들리는 삶 _ 127
코로나19 _ 128

아가씨 _ 129
욕심은? _ 130
서울역 광장엔 _ 131
운동 _ 132
코로나 성탄 _ 133
삼일절 _ 134
도서관 꼬마 _ 135
길 _ 136
가을 _ 137

■ 시평 - 아름다운 그리움 / **정동진** _ 138

1
하얀 그리움 안고

고향	라일락 향기 따라
도림천	그리움
대청댐	송고버섯
종소리	행복
운동화	하모니카
망각	햇살
별일까 추억일까	웃음
장마	조카 결혼
새가 되어	메아리
고추	홀씨 사랑 싣고
회초리	그리운 날
포인세티아	마음
이 나이에	천냥금
명월암	사랑
회상	아들
산소	빈자리

고향

옛 자취 더듬어 걷고 걸어 보건만
기억 속의 향기 없이 그때 그곳 아니어라

송홧가루 날리고 아카시아 향내 품은
푸르고 푸른 강 고요 속에 잠든다

어릴 적 물장구 물 무지개 만들며
손잡고 놀던 친구 그립고 보고 싶다

대청호 깊은 물 침묵 속에 미소 품고
쏟아지는 하늘만 받아 안고 숨 쉰다.

도림천

늘어진 버들 사이로
고요히 흐르는 도림천
맑게 비추이는 하늘은
물결 따라 흔들리고

잡힐 듯 가까운 송사리 떼
금방이라도 손안에 잡힐 것 같아
잊어버린 내 고향의
예전도 그랬건만
언제 다시 개구리헤엄 치고
다슬기 따던
내 고향을 다시 보려나.

대청댐

눈앞에 아롱이는 어릴 적 내 고향
물장구 개구리헤엄 그 옛날 친구들

검정고무신 뒤집어 햇볕에 말려 놓고
자갈돌 한 알 한 알 돌집 짓던 옛친구들

같은 하늘 아래 어딘가엔 있겠지
친구들도 나처럼 수몰된 고향 그리울까

푸른 물은 말없이 옛집을 덮고
너도나도 내주어야 했던 보고픈 내 고향.

종소리

청아하게 은은히 누구 맘 사로잡나
수많은 세월 속 변했을 법도 한데
아직까지 살아서 가슴속에 움직이네

태고의 잃어버린 소리를 찾은 듯
고요함 전해 주며 내 마음 사로잡는
고요 속의 메아리 천상의 향기.

운동화

마이크로버스로 학교 가는 신작로
그놈의 멀미 땜시 버스는 그림의 떡
20리길 왜 그리도 멀기만 하던지

함께 산 운동화 내 것만 빨리 해져
언니신발 깨끗한데 내 것은 엉망
너덜너덜 운동화 그 시절 통학거리
멀미 땜시 가방 들고 먼길 걸어 등하교

갸우뚱 고개 젓는 이해 못한 엄니 맘
똑같이 주신 차비 그래서 그랬을까.

망각

잊으려 애써 봐도 더 또렷이 기억나고
지나간 세월 속 흔들린 내 마음
비우면 채워진다 노력을 해보지만

어느 사이 이 마음 마음뿐인 제자리
죽으면 잊혀질까 그래도 못 잊을까?

별일까 추억일까

앞마당 들마루 초롱초롱 은빛 물결
밤하늘 별들이 쏟아져 내려오고

언니의 노랫가락 기러기 아빠
깊어가는 여름밤의 적막을 깨고

언니 별 북두칠성 내 별 카시오페아
별자리를 찾으며 별똥별 떨어지고

신기했던 그 시절 여름밤 개똥벌레
호박꽃에 불 밝히던 아름다운 옛 추억
그 시절 돌아가 만담하고 놀고파라.

장마

불현듯 장맛비에 아버지가 보고프다
금강가 물 불면 유심히 관찰하던
이렇듯 비가 올때 더욱더 생각난다

수영도 남들보다 월등하게 잘하시고
술 한잔 하시면 기분 좋은 내 아버지
조개며 민물고기 풍족히 잡아 오며
가족을 위해선 그 모든 걸 감내하던
한없이 그리웁고 보고픈 내 아버지

저 높은 곳에서 딸 사는 모습 보며
기특하다 해 주실 그리운 울 아버지
이렇게 하염없이 많은 비 오면은
불어오는 물 보고 가족생계 걱정하던
사랑하는 울 아버지 그립습니다.

새가 되어

훨훨훨 자유롭게 하늘 높이 날고 싶다
제일 먼저 고향땅 대청호 들러보고
조상님 누워계신 산소에 인사하고

어릴 때 뛰어놀던 초등학교 둘러보고
추억 속 그 옛날 기억 속에 그린다
친구들과 고무줄 공기놀이 하던 곳

커다란 은행나무 양쪽으로 앉아서
높은 하늘 아래서 청군백군 나누어
우리 편 이기라고 목청을 높여가며
서로가 이기겠다 치열했던 운동장

학교 앞 우리 집과 뒷집 형숙이네
대복이 동진이집 학교 옆 셋째 큰아버지 댁
학교 뒤 둘째 큰아버지 댁 대나무밭 등

더 많이 기억나는 크디큰 살구나무
봄이면 연분홍 꽃 환하게 피워 주고
꽃 지고 살구 열면 살구도 실컷 먹고

장독 옆에 탱자나무 노랗게 익어서
진한 향기 코끝에 전해져 날아오고

어제같이 아련히 눈앞에 선하건만
갈 수 없는 고향땅 꿈속에 나라짓네
가끔은 날개 달고 훨훨훨 날아간다
그립고 보고파서 새가 되어 날개 단다.

고추

옥상에 붉게 익은 고추를 따면서
어릴 적 고추밭에 언니와 주저앉아

노래하며 고추 따던 그 시절 그립다
일도 노래도 그림도 뜨개질도
월등하게 잘하던 재주꾼 우리 언니

비바람 천둥번개 뜨거운 태양빛을
견뎌내며 붉게 물든 고추를 따면서
흘러간 기억들에 깊이 젖어 추억하네.

회초리

아버지 호령으로 삼남매 나무 꺾어
회초리 보시고는 웃으셨던 아버지

오라버니 언니 나 고개 숙여 혼날 때
고개 숙인 아버지 미소를 보았었네

회초리 보시고는 웃으셨던 아버지
오빠 언니 회초리 가늘고 작은데
내 것은 그중에서 굵고 큰 회초리

오빠 언니 내가 만든 회초리로 매를 맞고
한심한 동생 얼마나 원망했을까

인생사 이렇게 짧고 짧은데
한 울타리 소중함 그리웁고 보고파

그리움 허공에다 날리며 미소짓네.

포인세티아

애타게 그리웁고 보고픈 사람이여
언제나 다소곳이 겸손히 단정한 이

문득문득 생각나 그리움에 보고파
이 겨울엔 더더욱 생각나고 그리웁네

빨갛게 파릇파릇 어여쁘게 품어내는
너를 무척이나 좋아했던 형님인데

예쁨을 자랑하는 네 모습에 형님 생각
간절히 그리워서 가슴속에 품어보네.

이 나이에

긴 세월 돌아보니 너무도 그리웁네
그때에 그 자리가 얼마나 좋았는지

한 울타리 안에서 한 솥밥 한 식구
아버지 어머니 오빠 언니 동생들

아스라이 짧았던 그리운 유년시절
가슴이 아프도록 눈물이 흘러내려

먼 산 보고 시름 털며 옛 생각 회고하니
한 해 두해 나이들어 아리도록 아파라.

명월암

환하게 대낮처럼 비추어 주는 곳
새하얀 달빛 안고 금강에 내비추고

수많은 시간 흘러 아직 그 자린데
변한 곳 하나 없이 옛 모습 그대로

수없이 많은 사람 왕래하던 그 자리
인걸은 간데없고 바위에 새긴 글만
푸른 강 깊은 곳에 잠겨서 슬피우네.

회 상

가만히 거울을 들여다봅니다
주름지고 하이얀 머리 스쳐 지나갑니다

한 살 두 살 쌓여가는 세월 속에
살포시 겹쳐지는 희미한 당신 모습

생존경쟁 아귀다툼 현실의 고달픔
거울에 투명된 희미한 그리움

어머니 오랜 세월 당신은 내 마음속.

산소

쏟아지는 유월의 뜨거운 열기 속에
푸르름이 반기는 부모님 모셔진 곳
하얀 국화 꽃다발 묘비석에 뉘운다

먹먹해 오는 가슴 아련히 밟히는데
세월의 흐름 속 산천은 말이 없고
인생사 외로움 가슴에 삭인다

철없이 재롱떨던 그때로 돌아가서
부모님 품속에 파고들어 나즈막히
마음 놓고 하소연을 풀어 놓고 싶어라.

라일락 향기 따라

골목길 오르다가 바람 따라 떠도는
예쁜 향기 품고 추억 속에 잠긴다

코끝에 전해지는 그윽한 향기 따라
교정 가득 피어있는 꽃나무 끼고서
알싸하게 수다 떨던 옛 친구들 그립다

이순을 훌쩍 넘어 곱디곱게 익어가는
친구들의 환한 얼굴 하나 둘 스치는데
돌아보니 그 시절 그때가 그립다

숏카트 교복차림 상큼한 곤색 가방
까만색 끈 달린 구두 청초하게 어울렸던
흘러간 추억 속 옛 친구 잘 있겠지

꽃향기 흩날리는 이 사월에 더 그립다.

그리움

눈을 감아도
보이는 것이
그리움

생각 생각 해도
떠나지 않는 것이
그리움

보고파 애달아도
볼 수 없고
마음으로 품은
그리움

송고버섯

감사한 마음으로 받았고 송구하다
멀리서 보내온 사랑 담은 송고버섯
나눔의 기쁨으로 온 정성 품었는데

덥석 받은 선물에 마음이 더 쓰이고
언제나 돌려줄까 이리저리 생각해도
아름다운 만남은 기약이 없어라
살다가 갚을 날 기다림에 머문다.

행 복

달콤한 순간순간 느끼는 즐거움
가장 큰 기쁨이요 행복의 척도인데
먼 데서 찾는 즐거움보다는
고통의 아우성 느낌의 안타까움

살다보면 모든 것 그 안에 있는데
세월 흐른 먼 훗날 그때가 좋았노라.

하모니카

쓸쓸함에 흐느끼는 하모니카 멜로디
사랑의 선율에 마음을 맡기고
외로운 시간들 한숨 섞어 잠재운다

추적추적 빗속의 그리움 달래고자
눈감고 조용히 마음을 다잡는다

어두운 그림자 저만큼 밀어내고
음악의 선율 따라 끝없이 여행한다.

햇살

영롱히 비추이는 햇살이 고와서
뜨는 해 지는 해 구분하기 어려워라

우기엔 따사로운 햇볕이 그리운데
반짝 나타나서 얼굴을 내미니
온 세상이 아름답고 환하게 빛이 나네

햇볕의 고마움을 잊었던 지난날들
쏟아지는 햇살에 사랑노래 보낸다.

웃음

찡그린 얼굴 활짝 펴고 웃음을 가득 담고
해맑은 미소 담고 호탕이 웃어봐요

활짝 핀 채송화 해맑은 해바라기
당신의 얼굴에 큰 행복 넘쳐나게

마법 걸린 것처럼 모든 것 내려놓고
행복의 웃음 가득 보따리 풀어 웃어요
호탕하게 힘차게 화들짝 우하하하.

조카 결혼

선남선녀 좋은 만남 결실을 맞는 날
서둘러 예식장에 도착해 인사하고

신부가 있는 곳에 축하를 해주고서
인증샷 세 컷에 따뜻한 덕담 남기며

커다란 원탁에 두 사람만 내빈석
인간의 정 끊어놓는 그놈의 코로나

축복된 이날을 썰렁하게 하는데
사랑하는 울 조카 시작된 결혼생활

살다보면 이것저것 어려움도 많겠지만
서로를 보듬고 대화로 풀어가며
긴 여행길 둘이서 예쁘게 그려가길.

메아리

큰소리 불러본다 메아리 들려오나
가끔은 소리쳐서 메아리를 듣고 싶다

어릴 적 뒷동산에 야아호 소리치면
한참 뒤에 메아리로 대답 주는 그때처럼
호탕하게 목청 높여 소리쳐 보고 싶다

준만큼 받는 게 인지상정 일진데
우리 삶의 과정 과연 그러한가
타산적인 생각에 갇혀 있지 않나

조건 없이 베푸는 그런 사랑 안 보이네.

홀씨 사랑 신고

따뜻한 그곳에 보금자리 틀고서
예쁘게 만개하여 자태 뽐내며

바람 따라 여행길 그리움 품고서
몸 풀어 앉은자리 그곳이 고향이네

사랑의 목말라 한껏 지친 이내 몸
님 향한 그리움에 사랑노래 부른다.

그리운 날

없는 이가 그리워서 눈물이 흐르고
마음은 달려가 하소연도 하고픈데
가슴이 아프도록 애절하게 그립다

갈 수만 있다면 달려가고 싶은데
감내할 현실 앞에 힘내어 버텨본다
모든 것은 순간순간 지나가는 찰나의 삶

향기 푸른 오월에는 그리움이 더 큰데
시원한 등나무 숲 고즈넉한 그늘 아래
옛이야기 풀어내어 웃음꽃 피워 볼까.

마음

금세라도 쏟아질 듯 어둑한 하늘에
기분까지 가라앉는 시간을 맞으며
마음을 다잡지만 깔아지는 이 마음

환경에 지배를 받지 않으려고
노력은 허사되고 금세 주눅 든다
기죽지 말아야지 하면서도 말이다

상대에게 인상을 읽히고 들킨다
자연스런 행동으로 내 모습 감춰봐도
어쩌지 못하는 것 그것이 병이다.

천냥금

따뜻한 사랑으로 전해 주는 예쁜 맘
따뜻한 나무 사이 붉디붉은 결실들

받는 맘 송구하며 기쁨이 더한다
볼수록 상기되는 작은 나무 사랑이

식탁 위에 자리하고 예쁜 자태 뽐내네
속삭이듯 말하네 좋은 글 쓰라고

영롱하게 비추이는 아침의 햇살처럼
방울방울 새롭게 돋보이는 홍보석.

사 랑

노랗게 빨갛게 초록으로 단장하니
나만 예쁘게 들여다 봐 주세요

나만을 생각하는 따뜻한 그 마음을
오래도록 품을 수 있도록 말이예요

그 누가 뭐라 한들 무슨 상관일까요
한결같이 쏟아주는 애틋한 그 마음

거북처럼 학처럼 바위처럼 함께해요.

아들

사랑하는 아들아
어머니 그리워
먼 길 찾아온 내 아들아
네게 토해낸
다듬지 못한 꾸중
내 마음이 아리다
참고 참는 게 진리인 줄은
알았지만
네게 뱉어낸 서툰 교훈이
네 가슴에 상처가 될 줄
내미쳐 몰랐다
짧은 인생
젊음을 불꽃 튀게 살아보라
지혜로운 내 아들아
세상의 어머니들이
내 아들 내 아들 부를 때마다
동공에 이슬이 맺는다.

빈자리

가시고 안 계심에 공허함 맴도는데
마음이 머무는 곳 따뜻한 사랑 있네

살아서 계실 때에 잘해야 한다는데
세월이 흐른 후에 안타까이 후회하네

쓰라린 맘 달래며 지난세월 돌아보며
먼 하늘 긴 한숨 폭염에 날린다.

2
사랑은 향기가 되어

사랑은 향기가 되어
봄비 1
기다림
별
비 1
비 2
그만 뚝
민들레
매미
결실
길상사
봄이 오는 소리
봄비 2
비 온 뒤
가을 내음 어디쯤
가을비
한파
싸락눈
메뚜기
눈
산수유
가을
봄비 3
꿈
바람
해금
도서관
희망
마당바위

고무장갑
산새
오월
길
저 하늘
김장 콘서트
여명
감동
도라지꽃
장미
분꽃
해바라기
봉숭아꽃
코스모스
들꽃
잡초
동백꽃
꽃
목련
박꽃
비비추
영산홍
벚꽃
국사봉 하늘가
능소화
할미꽃
복수초
개나리꽃

사랑은 향기가 되어

파릇한 하늘가 뭉게구름 애처롭고
붉게 물든 향기 따라 그리움은 쌓이는데
흐르는 갈바람에 님 생각 채워본다

비바람 못 견뎌서 길바닥에 뒹굴어도
소복이 쌓여가는 가을 향기 그리운데
사랑은 향기가 되어 보고픔에 머문다.

봄비 1

비가 온다
하루 온 종일 비가 내린다
봄을 재촉하는 비일까?
한 세월에 묻힌 생명들이
이상의 아름다운 꿈속을 깨며
세상 구경을 나온다

비가 온다
우산을 받쳐든
노신사도 연인들도
자신을 감춰줄 구멍을 찾아
바쁜 걸음 재촉한다

찾는 그곳이 동화의 나라든
이상의 나라든지.

기다림

신작로 칼바람이 얼굴을 때리고
질주하는 자동차 멈춤을 모르는데
기다리는 매 순간 안타까움 속에
더디게 급하게 시간만 흐른다

행여나 나타날까 허공에 멈춘 눈길
증폭된 초조함 안타까움 한 아름

등 뒤 놀래킴에 주저앉아 숨죽일 때
호탕한 웃음소리 환한 벗의 얼굴
마주잡은 두 손에 온기 나눈다

기다림의 시간을 뒤로 하고서.

별

낙수된 바닥에는 별 왕관 반짝이고
우중에 캄캄하고 답답한 이 세상
네온으로 불 밝혀 어둠을 밝혀주네

하늘의 별천지 땅에 맘껏 그리는데
하얀색 바닥에는 하얀 별 검은 별로
바닥색 따라서도 색색으로 연출되어
바람에 흩날려 일그러짐 보여주네

어둑한 저녁 때를 알리는 깜깜함
잠시일까 무섭게 쏟아 붓는 장맛비
그 소리 사그라져 세상이 고요하다.

비 1

수없이 동그라미 낙수되어 그려지고
예쁘게 별이 되어 여기저기 동그라미
만들었다 지워지고 또다시 그 자리에

고맙지만 너무 넘쳐 피해가 속출하고
사상자 가옥 침수 전쟁터가 이곳이네
이제는 그만 멈추어 주었으면.

비 2

무섭게 내리는 비 잠시 멎나 싶더니
하늘이 구멍 난 양 또다시 쏟아 붓네

별 동그라미 수없이 옥상 바닥 장식하고
잘 자란 상추 고추 세찬비 거슬러
빳빳이 고개 들어 가슴 펴고 서있네

안 와도 걱정이고 많이 와도 걱정인데
고추 상추 웃음 짓게 적당히 내렸으면.

그만 뚝

비야 비야 이제는 그만그만 내리렴
계속해서 내리는데 너무나도 무섭다

한강물 불어나 넘칠까봐 걱정되니
너도 쉬고 나도 쉬게 장맛비야 그만 뚝

밤새껏 쉬지 않고 지리하게 쏟아내니
두렵다 제발 부탁 이제는 그만 뚝.

민들레

어느 바람 몸 실려 살포시 싹 틔웠네
노랗게 하얗게 예쁜 꽃 피웠네

솜털옷 바람 따라 날아가다 앉은자리
터 잡아 싹틔우니 지천에 널려있네

노란꽃 천지 사방 흩어져 피었는데
홀씨 하나 몸을 실어 훨훨 세상구경.

매미

일찍이도 일어나서 경쾌한 노랫소리
적막함을 깨우며 아침인사 요란하다

내 노래에 신록은 더더욱 짙푸르고
모두가 분주하게 하루를 맞이한다

한낮의 더위도 소나타에 쉬어간다.

결실

풀벌레 울음소리 귓가에 들려오고
산책길 나서면 가벼운 걸음걸이

무리지어 올망졸망 푸짐하게 피어나와
보랏빛 하얀 빛깔 햇볕에 더 반짝이고

오고가는 길손의 눈길을 잡아끌어
이 가을 풍작을 알리는 듯 소담스레

수줍게 볼 비비며 얼굴 내고 웃으며
고운 자태를 눈에 안고 알알이 맺혀있네.

길상사

가을이 깊어가는 산사는 한적하다
말끔이 정돈되어 오는 이 반기는 듯

글이 좋아 빠졌다 그 글 속에 내가 있다

유품 속에 내 마음 감사스럽다
친서 속에 내 용기 닮아가자 내 글귀

첫눈이 하얗게 내리면 보일까
그분의 발자취 우리의 가슴속.

봄이 오는 소리

들립니다, 저만치서 겨우내 쉬었다가
따스하게 흔들리는 바람이 싫지 않아
기지개 크게 펴며 대지를 뚫고서
수줍게 얼굴 내민 그대가 너무 좋아

들립니다, 그대의 용트림 소리가
화들짝 놀라서 들여다 볼 양이면
저 멀리서 아지랑이 춤을 추는데
예쁘게 싹 틔우는 그 소리가 들립니다.

봄비 2

사랑의 봄비 머금은 연초록 새싹들이
투명하게 반사되어 행복 빛 발산하고

연초록 빛 희망 영롱하게 내밀며
새 생명 싹틔움의 아픔을 감추고

그 누구가 보고파서 삭풍을 이기고
봄비의 메마른 사랑 축이며 오는가.

비 온 뒤

푸르른 신록이 눈물 먹고 더 짙어져
호흡마저 맑아져 세상이 청명하고
높푸른 하늘에 뭉게구름 수를 놓네

하루를 시작하는 사람들의 재바름
청산에 의지하여 오르면 좋으련만
마음은 청산 가고 일선에 살고지고.

가을 내음 어디쯤

산길을 오르고 자꾸자꾸 오르니
정상부터 예쁜 옷 차려입고 내려온다
멀리서 가까이서 넋 놓고 빠져든다

봄에 새순 나더니 무더위에 푸름을
바람 따라 흩날리는 나뭇잎의 가을 향연
풍요를 자랑하니 그리움 여기에

계절의 흐름 앞에 고운 자태 뽐내나니
사람으로 태어나 이름 석 자 남기고픈
안타까움 그리움 단풍잎 한 장.

가을비

여명과 함께 쏟아지는 하늘눈물
와르르 쏟아지는 낙엽의 눈물 더함
기어이 쏟아지는 가냘픈 아쉬움

이른 새벽 종종걸음 아침을 여는데
가슴 속 묵직하게 삶이 보입니다

월동준비 바쁜 일상 흔들리는 인생사
가을비 한 번에 옷 한 겹 더 입는데.

한파

매섭게 찬 바람에 따뜻함이 그리운 때
삭막한 정류장 차 기다리는 이 안 보인다
평소에는 몇 명은 함께 서서 기다린 곳

휴일 날 출근한 게 언제인지 가물된다
일을 할 수 있는 것에 골고루 감사하며
버스에 몸 맡기며 서두르는 출근길

지나간 시간들을 그리워해 본들
부질없이 올 수 없는 옛 추억일진데
주어진 현실 앞에 매서운 출근길.

싸락눈

새벽길을 밟으며 가는 길에 하얗게
눈보다 더 많이 깔려있는 하얀 보석
수고가 보이는 등 휨의 자국들

살포시 덮여 있는 눈길 위 발자국
그림들 뒤로 한 채 귀가길 아쉬운데
백설의 하얀 마음 오늘의 행복.

메뚜기

파릇한 깻잎 위에 올라앉은 작은 너
두 팔과 긴 다리를 편안하게 내리고
초야에 묻혀서 누구를 기다리나

빠르게 지나가는 시간이 아쉬워
펼쳐진 그림들 카메라에 담아도
돌아갈 보금자리 있어서 행복한데

자연 속에 묻혀서 살아가는 네 모습
오늘도 내일도 나그네를 기다리며
날개를 활짝 펴고 자유롭게 날아라.

눈

맘껏 흔들며 춤을 추다가
살포시 내려앉으며
없어지는 너

어디서 와서 어디로 가는지
사뿐 춤을 추며 내려앉아
어디 가나?

내가 가는 길이 힘들어도
무릎까지 쌓이면 좋으련만
너는 어이 내 마음 몰라주고 사라지느냐?

오락가락
내 마음 몰라주는 너
내 무릎 깊이
내 가는 길을 막아 주렴.

산수유

긴 세월 뒤로 한 공원 나들이
수줍어 고개 내민 애처로운 노랑이여

긴 겨울 견디고 춘풍에 솟아오른
슬픈 내 모습에 나도 옷깃 여민다

찬바람 외면한 채 부지런을 떨면서
삭풍을 이겨내고 이른 봄을 알린다.

가을

뜰 안의 감은
붉게 물들고

누렇게 물결치는
황금 들판엔

허수아비 엉거주춤
바람 따라 춤춘다

멋대로 자란
코스모스 무리가
찻길 따라 나부끼고
가는 세월 배웅한다.

봄비 3

촉촉하게 비를 머금은 새싹들이
투명하게 반사되어 빛을 발하고

연초록빛 더욱이 영롱하게 내밀며
새 생명 싹틔움의 아픔을 감추고

그 누군가 보고파서 삭풍을 이기고
봄비의 메마른 목 축이며 오는가.

꿈

밤하늘 별만큼 꿈 많던 어린 시절
별들에게 노래하고 속삭여 부풀렸지

사는 게 힘들고 고단해 접어뒀던
꿈 많은 시간들 잠재운 지난날들

늦었다 생각되는 지금의 이 자리
박차고 벗어나 날고 싶은 충동감

저만큼 달님 별님 물이도 대답 없고
구름에 자리 밀려 자취를 감춘다.

바람

햇볕이 강렬하게 쏟아져 내리고
비가 온 뒤 끝이라 시원한 바람결
상쾌한 만남으로 귀한 분 만남자리

새롭게 하나 둘 배워가는 즐거움
인생길 스쳐가는 바람은 아니겠지

훗날에 즐겨 읽힐 글들로 남는다면
한 치의 후회 없는 배움의 바람이리.

해금

두 줄로 향기롭게 소리를 낸다
겉 줄 안 줄로 아름다운 선율낸다

태고의 흉내라도 쫓아볼까 하는지
활이 오가며 서글프고 가냘프다

힘들다고 힘겹게 슬프다고 한스럽게
흥겹게 기분 좋게 풍겨내는 자신 소리

한 줄엔 희망을 또 한 줄엔 사랑을
해금의 현 따라 가득 품은 그리움.

도서관

한 아름 책을 들고 들어선 도서관
반갑게 맞이하는 도서관 선생님들

활짝 웃는 얼굴 반갑게 인사 나눔
친절이 주고받는 책두레 이야기

한 아름 대여한 책 가슴에 품고지고
기쁘게 돌아가는 행복한 귀가길.

희망

마음에 품었던 소망의 바램들
흔들리는 삶 잡아준 지난날들

내려놓은 젊은 날 꿈 살포시 고개 들고
나를 일깨우고 싹틔워 움직여도

작은 꿈 가슴에 불씨로 다가와
희망과 사랑으로 환하게 피우리라.

마당바위

오고가는 사람들 숲속 길 걸으면서
힘들고 지칠 때 너에게 의탁하며
너에게 기운 받아 세상을 품어보려
가슴에 꿈을 꾸며 용기를 내어보네

내일은 나아질까 희망을 안고서
인고의 세월 속에 꿈꾸는 애련함
너는 아는 듯 언제나 품어주며
말없이 힘을 내라 용기를 넣어준다

세상에 나아가서 날개를 활짝 펴고
힘차게 비상하라 관악의 정기 품고.

고무장갑

세월의 흔적들 나의 손을 감춰주고
궂은 일은 어루만져 말끔히 치우고

때로는 가까운 내 손 감싸 벗이 되고
추위도 따뜻하게 감싸안아 함께 하네

네가 있어 얼마나 좋은지 너 없이는
할 수 없는 양 난 항상 너를 의지하네

살갗 애린 손 너로 인해 녹여져
아픔도 이겨내는 재주꾼이었네라.

산새

온 산을 휘돌아 희망을 노래하네
여기도 저기도 경쾌하게 지지배배

고요한 국사봉을 꽉 채운 교향곡
자웅이 어우려져 행복한 사랑 노래

꽃눈이 흥겹게 미소로 화답하며
따스한 봄날을 마음껏 즐기네.

오월

신록이 짙어지니 내 마음 함께 짙어
계절의 여왕 5월의 푸름과 함께
이 절기가 좋아 맘껏 꿈 부풀린다

농촌의 일과는 하루해가 짧을 테고
도심 속의 우리들도 지는 해가 아쉽다
우리들의 마음에 희망이 샘 솟는다

높푸른 하늘을 우러르며 그려낸다
안락하고 포근한 따뜻함에 감사를
평화로이 피어 있는 꽃들에게 웃음을

푸른 오월 대 자연에 넋 놓고 감탄하며
우리들 가슴속에 부풀은 꿈을 안고
나아가자 뛰어보자 멋진 미래 향하여.

길

초록빛 연둣빛으로 수놓은 공원길
이슬비 머금고 더 밝은 고운 색깔

나비도 길을 찾아 꽃 위에서 춤추고
늘 푸르게 그린 듯이 자리한 소나무

창공을 나는 새들도 길을 찾고
열심히 걷는 것이 무얼 위한 최선인 듯
미지의 세계를 꿈꾸며 도약한다

넓은 공원 이쪽 저쪽 사람들 제각각
한가로이 운동하며 에너지를 태우고
분주하게 움직이는 삶의 모습 바로 여기.

저 하늘

파란 하늘 이쁘게 솜털구름 덮었네
허리 바닥 눕히고 구름 속에 빠졌네

내 마음도 저 하늘 속 평화 속에 잠기어
하얗게 그리며 상상 속을 관망하네

저 하늘처럼 우리 인생 멋지게
파란 하늘에 우러러 맡길거나.

김장 콘서트

살아있던 너를 까무라쳐 씻는다
외딴 곳 외로운 곳 생존의 현장 속
켜켜이 품어 안은 노랗함을 내준다

시원하게 샤워한 몸 붉게 단장하고
제2의 인생길 누군가를 위해
예쁜 옷을 단장하고 시집을 간다

영원히 오지 않을 님 향한 길을 간다.

여명

어둠 뚫고 일찍이 오는 너가 좋다
어떠한 일들이 나를 기다릴까
설레이는 마음을 어쩔 수가 없다

누구나 맞이하는 매일의 일상들이
똑같은 날은 하나도 없을 터인데
새로운 것을 맞아서 포장하는 삶

늘 맞이하는 너를 더 새롭게 맞으며.

감동

기쁘게 뛸 듯이 벅차오른 가슴을
표현할 수 없을 만큼 한없이 좋은 시간
누구에게 알려야 하는지도 모르며
감사가 절로 나와 그분께 감사한다

시련 끝에 얻어진 결과 앞에 감사를
과정이야 말로 다 형용하기 힘들지만
이렇듯 좋은 결과 함성 소리 커진다
아싸아싸 승리의 파이팅을 외친다

어제의 고통이 환희의 기쁨되어
이렇듯이 세상이 달라져 보이는데
암울했던 시간들 희망마저 뒤로하고
또 다른 시련이 다시 찾아오더라도

더욱 큰 꿈을 향해 다시 뛰는 오뚜기.

도라지꽃

연보라색 드레스 예쁘게 단장하고
수줍게 미소 띠며 활짝 송이 벌려
온 몸으로 햇살 받아 자태 뽐내네

복주머니 달고 있는 내 모습이 어여뻐
금세 손대어 터트리고 싶지만
꿈과 희망 가득 넣어 펼쳐지길 기다린다

못다 이룬 미지의 세계
어찌 순탄만 하리오만
최선 다해 살다보면 끝은 있으리.

장미

지난해 잘 피어서 예쁘게 보았는데
올해는 안 핀다고 걱정을 하는 소리

몽우리 터뜨리며 살포시 얼굴 내민
내 모습 잠시나마 발길을 잡는구나

지는 해 받으면서 더 붉게 얼굴 붉힌
내 모습에 쑥스러워 얼굴 붉어지는
나를 보는 듯이 예쁘기만 하여라

팍팍한 인생살이 오고감이 이것이랴.

분꽃

분홍 빛깔 사랑 꽃 여기저기 고개 들고
지나가는 길손에 눈인사 한다

따가운 햇살에 잠시 쉬었다가
해걸음 기운 받아 방긋이 웃으며
창공을 향하여 기운 차게 나팔 분다

무슨 사연 그리 많아 밤새 향기 뿜어
소곤소곤 예쁜 담소 바람에 흔들리다
여명에 햇살 받고 꿈꾸러 간다.

해바라기

그분만 봐라보며 쑥쑥쑥 자랍니다
오로지 당신만을 그리며 커갑니다

당신을 닮아서 둥글어진 얼굴 되어
빼곡히 들어차 알알이 살찌운다

당신을 볼 수 없어 슬픔에 목마르며
당신을 그리면서 고개를 숙입니다

당신을 볼 수 없게 강하게 비친 햇살
까맣게 눈 멀어도 당신만을 그립니다.

봉숭아꽃

손톱에 봉숭아꽃 물들인 계절이다
봉숭아 꽃잎 찧어 손톱에 싸매주던
그 시절 어머니 그립고 보고 싶네

싸매준 손가락 빠질까 염려하며
꿈나라 여행하고 아침에 눈 뜨면
곱디곱게 물들던 열 손가락 내 손톱

첫눈이 올 때까지 봉숭아 물 남아있음
첫사랑 이뤄진다 누군가 말했지만
그 사랑 이룬 사람 몇 명이나 되려나.

코스모스

가냘피 흔들리며 춤추면서 반겨주는
푸르른 하늘만큼 청초한 네 모습
내 마음 잡아끌며 꽃망울 내어주네

한낮에 따사로운 햇살을 받으면서
바람에 몸을 맡긴 날개짓 나폴거림
다시 오라 손짓하며 살포시 윙크하네

가을을 노래하며 행복의 희망 주며
사랑을 속삭이며 미소로 선물하네.

들꽃

이름 모를 꽃들이 옹기종기 모여서
비바람 견뎌내며 곱게도 인사한다

덧없는 풍파 속에 세상에 나와 보니
햇님도 달님도 별님도 비바람도
친구로 지내자고 손잡아 반기는데

아픔을 보듬으며 더 이쁘게 피어나
지나가는 길손에게 위로와 희망주네.

잡초

여기도 저기에도 밟히고 꺾이우며
천둥과 번개에도 견디며 사는 인생

가슴속 쓰라린 아픔을 딛고서야
나만의 청초하고 한가한 삶에 기대

남의 손 못 빌려서 언제나 그 자리
한 곳에 자리하고 오가는 길손 보며

잡초를 벗 삼아 살아야 하는 사람
그 어떤 시련에도 잘 살아낼 힘이다.

동백꽃

태종대 산책로에 동백이 지고 있네
꽃봉오리 소담스레 크기도 하여라

잎사귀 푸르러서 윤기를 발하는데
꽃잎은 붉디붉어 정열을 쏟아내고

붉은 꽃잎에 입술을 대어보며
그리움의 사랑노래 속삭여 보지만

아스라이 들려오는 바다의 노래 위에
겹겹이 사연 담아 낙화되어 쌓여지네.

꽃

피어나는 꽃님들 곱디고운 그 모습
얼마나 인내하며 기다리다 피어나나

흔들리지 않고 피는 꽃이 없을진데
꽃잎이 살포시 수줍음에 잎을 열고

꼼지락 꼼지락 봄바람에 흔들리다
화들짝 만개되어 밝은 미소 한가득

바람에 흔들리며 아침이슬 머금고
꿈 안고 부풀려 터뜨리는 꽃몽우리

아가의 웃음꽃이 우리들의 웃음꽃이
꽃잎 속에 가득히 숨어서 피어나네.

목련

화려한 꽃봉오리 솜털옷 속 감추고
따스한 봄날에 살포시 미소 짓네

우리집 창가에 새 하얗게 찾아온 너
마음까지 맑아져 봄향기 노래하고

네 마음을 닮아서 굳굳히 참아내며
그 어떠한 시련도 예쁘게 승화하리.

박 꽃

고요한 달밤에 수줍은 듯 얼굴 내며
살포시 웃음 짓는 내 모습이 귀하다

달님 보고 방긋방긋 웃으며 속삭여
만월의 그리움을 품었던 친구 있나

어두움을 뚫고서 밝혀주는 둥근달
새하얀 옷을 입고 세상구경 하지요.

비비추

산모퉁이 오솔길 밟을까 두렵지만
대지를 비집고서 예쁘게 얼굴 내고

너는 좋겠다 자연의 소리 들으며
고즈넉한 자리에 터 잡아 살고지고

한해가 지나면 많이도 번져나와
있는 곳이 좁다고 넓히는 너를 보니

인간의 가슴속 욕심인가 욕망인가
저세상 갈 때는 어차피 빈손인 걸.

영산홍

이곳저곳 흐드러지게 예쁘게도 만발하여
가는 길손 발길 잡고 예쁜 눈길을 받는다

산길에 타는 듯 붉디붉은 네 모습에
마음까지 상큼하게 정돈되어 머문다

바람이 시샘하듯 입 맞추며 지나가고
새들도 날아들어 지지배배 재잘댄다

산책길 가볍게 콧노래의 흥얼거림
봄길을 밝히는 영산홍의 대향연

벚꽃

하늘을 떠안고 고운 자태 뽐내는데
힘들지도 안은 듯 푸근하게 흩날린다

일장춘몽 지나갈 내 모습 안타까워
감탄사 만발하며 가던 발길 멈춘다

그 자태에 붙들리어 눈길이 멈추는 건
꽃비도 마음껏 날려줄 기다림

우리들 살아가는 인생이 무상인데
해마다 너와 같은 윤회를 꿈꾼다.

국사봉 하늘가

높은 하늘 이고 있는 화려함을 안고서
활짝 피어서 인간의 마음 밭에
예쁘게 선물하는 네가 좋아 올려본다

제각각 운동하는 사람의 눈길들
창공에 떠있는 너에게 사로잡혀
추억을 담는 모습 사랑스럼 한가득

바람이 지나가다 심술부려 흩날리는
시간여행 속의 꽃잎들의 봄 향연
너와 같이 예쁘게 살아가자 우리도.

능소화

얽히고설키어서 나무등걸 만들어
예쁘게 만개하여 해맑게 미소 주고
오고가는 사람들의 사랑을 받는다

우리가 사는 삶도 얽히고 설키어서
인생사 살아가는 나그네 삶인 것을
애틋하게 쫓기듯 지나온 시간 속들

속내를 감추고 천천히 피어 있는
네 모습에 비추어진 우리들의 모습
인고의 세월이 기다림이 되었어라.

할미꽃

따스한 봄 향기에 기지개를 켜면서
도도하고 빳빳이 고개를 들고 나오더니
세상 향해 무엇이 그리도 부끄러운지
고개를 숙이고 도란도란 속삭인다

무리지어 앉아서 예쁘게도 속닥인다
오랫동안 못 다한 이야기를 풀어내
이야기꽃 피우며 까르르 웃는 소리
세상 속 행복 얘기 봄 햇살에 퍼진다

서로가 서로에게 겸손히 살자 하고
위로와 격려의 말 따스하게 전하며
어려운 세상살이 오순도순 모여서
고개 숙여 속삭이는 할미꽃의 봄 행진.

복수초

정수리에 얼음꽃 살포시 이고서
혹한 추위 이겨내고 세상에 내민 얼굴

보기도 애처로워 서글퍼 아픈데
노란 옷 차려입고 아무렇지 않은 듯

방긋이 미소 주는 너의 예쁜 웃음에
추위도 줄행랑 쳐 온화하게 숨 쉰다

강인하고 부지런한 네 모습에 취함인데
삭막한 세상살이 더 정진해야 함을.

개나리꽃

양지바른 꽃
벌써
시들어 짐이 가셨다

봄은 멀리 있는데
철의 망각 속에 피어난
애처로운 꽃이여!

삶에 속고 속는 것이라지만
너는 어이
아닌 계절을 진리의 숨박꼭질에
술래가 되었는가?

아 아!
너를 앗아갈 찬바람은
언제이련만
철없이 피어난 어린 꽃이여.

3
쉬어가는 길목에

고요함
산
구름
촛불
두물머리
동해
커피
친구

휴식 자리
관악산
미사
포석정
토함산 길
청설모
흔적

고요함

고요함에 의지해 몸 맡겨 보지만
숨어 앉은 빈자리에 밀려오는 세상 소리

새소리 차량 소음 애가 타는 손녀 음성
할머니 저만치서 두리번두리번

바람에 소리 실려 적막함 거부하고

하루의 마감 속 한적한 곳 찾는데
안식하고 마음 편히 몸 둘 곳이 없어라.

산

산에 가면 조용할 줄 알았다
창공을 뒤흔들고 달아나는 문명의 소리
까마귀 까치들의 아귀다툼 요란하다
울음소리 목 놓아 흐르는 계곡물

산에 가면 조용할 줄 알았다
이 사람 저 사람 소리가 뒤섞여서
도피처 찾아봐도 안식처는 없는 듯

겨우 챙긴 한마디 건강한 몸만들기.

구름

이글거린 붉은 노을 먹장구름 이불 덮고
바람이 불어주는 방향 따라 흐른다

어둠 뚫고 하나 둘 행복의 불 밝혀지면
웃음꽃 피어나는 한 둥지 속 행복가족

구름이 비 되어서 쏟아져 내리쳐도
둥지 속 행복함 시들지 않고
이곳저곳 전염되어 웃음꽃 피어난다.

촛불

불꽃이 춤을 춘다 얌전히 하늘하늘
자신의 몸 불 태워 춤추는 모습이다

소중한 바램 싣고 불 밝혀 태우는 몸
자신을 희생하며 남의 소원 받들어
길 밝혀주는 너야말로 멋진 불꽃

꽃들이 예쁘지만 불꽃보단 못하리라

자신의 몸 희생하여 길 밝히는 너를 따라
존중과 배려 가슴속에 심으리.

두물머리

산중턱 올라서야 두물머리 훤하다
운길산 오르다가 수종사 거기쯤에

물가가 아니고 멀리서 보아야만
눈앞에 시원하게 펼쳐지는 두물머리

남한강 북한강이 만나는 곳 두물머리
나룻배 오고가던 나루터 여전한데
양수리 한 귀퉁이 손님맞이 분주하다.

동 해

푸른 물결 출렁이는 검푸른 동해바다
수평선 응시하니 가슴이 뻥 뚫린다

언제나 찾아와도 싫지 않은 동해바다
경포대 낙산사 총석정 관동팔경

동해의 맑은 물 돌 바위 하얀 파도
부딪는 물거품에 이 마음 씻어본다.

커 피

은은하고 예쁜 향기 맛있게 풍겨오고
모두가 나누어서 한 잔씩 마실 때

구수한 내음으로 나를 유혹해도
향기에 만취하는 내 마음 거기까지

남들이 즐겁게 마시는 커피 한 잔
끝내 못 친하고 잎차 한 잔 대신한다.

친구

꿈속에도 보고픈 친구들을 그리며
언제 만나 못 다한 옛 이야기 풀어볼까

밤하늘 별들에게 물어봐도 대답 없고
구름아 바람아 친구 소식 전해다오

같은 하늘아래 잘 살고 있겠지만
멋진 친구 행복 빌며 만날 날 그려본다.

휴식 자리

홀로이 뽐내며 자리한 정자
고요한 대청호에 자신을 내비추고

말없이 그 자리를 아스라이 지키며
오고가는 길손을 쉬어가라 반기네

괜스레 옛집이 생각나서 그리웁다
고향을 빼앗기지 않은 사람은 모르리

반듯한 정자에 앉아 할 일 없이 낚시 놓고
어릴 적 고향집과 학교나 낚아볼까

한가한 시간 속 불현듯 그리워져
대청호 푸른 물에 쏟아내 희석한다.

관악산

때로는 지인들과 어느 날은 벗님들과
길동무 하면서 함께 한 정겨운 산
언제나 찾아가도 말없이 수용하고
말없이 받아주는 부모님 같은 산

푸름름에 반해서 한여름 찾아와
계곡에 발 담그고 한 수다 풀어내니
시간이 어느 사이 바쁘게 지나감에
다음을 기약하며 돌아오는 아쉬움

이렇듯 가까이에 좋은 산이 있는 것은
관악의 자랑이며 우리들의 보금자리
사랑하며 아껴서 언제라도 찾아갈
부모님 품 속 같은 천하명산 관악산.

미사

언제나 그렇듯이 일찍이 눈을 뜨고
주일 새벽 찬바람 미사에 빠져든다

주님 공현 대축일이 끝나고
예수 그리스도 세례 축일이다

정상으로 돌아가 또다시
일상들의 생활을 열심히 살아가며

하느님께 그릇됨 없는 예쁜 생활로
그 분 향한 죄지음 없는 삶을 살으리.

포석정

사람이 살아가는 위치는 옛날이나
현재나 같은 것을 새삼스레 느낀다

풍류를 즐기기에 좋은 피로연석
문명의 흐름 따라 달라지긴 했어도

눈앞에 펼쳐져서 그려져 보이는 듯
흘러가는 물위에 술잔은 떠오고

누구에게 주는 가 그 사람 신분에 따라
술잔의 흐름이 느리고 빠르게 다르게
흘러내려 술을 돌리고 계속 물도 흐르고

아름다운 그림들이 그려져 보이는듯해
사계절의 예쁨으로 다가오는 포석정

봄은 새싹이 돋는 것이 예쁘고
여름엔 짙푸른 푸르름이 아름답고

가을엔 곱디곱게 수놓아 줄 단풍꽃이

풍성함 알려주며 황금길 만든 곳

겨울은 을씨년스럽고 쓸쓸한 곳
포석정도 그 옛날엔 연회를 휴 하고

눈으로 보는 듯이 선열의 풍류들을
현재를 보는 듯이 두둥둥 내 앞으로
다가오는 술잔을 감사히 받는다.

토함산 길

수학여행 빠지지 않고 들려온
신라의 유적지인 경주에 머물다

불국사의 웅장했던 청운교 백운교
그 앞에 세워진 다보탑과 석가탑

어린 시절 기념사진 촬영에 바빠서
행렬 따라 다니기에 바빴던 신라 땅

인니의 수학여행 토함산을 걸어서
힘들게 올라갔던 그 옛날 토함산 길

버스를 타고도 굽이굽이 길 따라서
멀미가 나던 그 길 잊을 수가 없는데

새벽녘에 해돋이를 구경하러 올랐다
선생님의 말씀대로 저 멀리 동쪽하늘
떠오른다 떠올라 모두에게 시선집중
보인다고 하는데 끝내 뜨지 않은 해
돌아서며 아쉬워 한숨 쉬며 수다 떨던 친구들

석굴암 부처님을 아련하며 살피고
동쪽에서 해가 떠오르면 더 빛나는
석굴암 자비의 부처님 상

어린 시절 돌아보며 생각하니 아련한 추억
지나온 길 앞으로 가야할 길 옛 자취에
희망 담아 세상을 환히 밝히며 살아가리.

청설모

산책길에 우연히 재롱을 떨면서
유연하게 너무도 빠르게 날렵하게
나무 사이 곡예하는 너를 볼 양이면

자꾸만 굳어가는 내 몸을 생각하며
열심히 운동으로 활기를 찾아볼까
청설모 너의 유연함에 반해서.

흔적

세월의 흔적이 보인다
뚝뚝 잘려져 나간 가지
육중한 몸에 발라진 문명

세월의 흔적이 보인다
풍파로 얼룩진
그 세월 견디며 살아온 나날

세월의 흔적이 보인다
얼마나 많은 사람이 나무 등걸에 기댄 세월을
회화나무는 다 알고 있겠지?

세월의 흔적이 보인다
모든 것을 다 알면서도
유장한 세월 그대의 침묵이 아름답다

세월의 흔적이 보인다
상처투성이로 너는
이제 그만 쉬고 싶다고
이제 그만 쉬고 싶다고

4
따스한 온기 품고

유혹
마스코트
아침
노숙자
인생
알람
마이탑사
흔들리는 삶

코로나19
아가씨
욕심은?
서울역 광장엔
운동
코로나 성탄
삼일절
도서관 꼬마

유혹

골목길 접어드니 코끝에 전해지는
구수한 냄새가 가는 걸음 유혹한다

막걸리 한 잔에 노릇한 곱창 안주
여유롭게 먼 산 보며 세월 낚고 싶은데

혼자는 서글퍼서 주변만 맴돈다
맛나는 향만 실컷 마시고
골목길을 빠져 나온다

함께 할 친구가 없어
외로움 속 발걸음
발길은 어느새 집으로 향한다.

마스코트

등에 맨 까만 가방 폼 나게 매달려서
움직일 때마다 대롱대롱 흔들흔들

아버지 생각해서 달아준 마음선물
고희의 나이에도 꼭 달고 다니네
생각해 주는 아들 있기에
아직은 힘이 나고 세상은 살만하다

한결 같이 생각하는 보물 같은 멋진 아들
모든 사랑 쏟아 부어 살펴주고 키워주니
그 사랑이 나이 들어 작게작게 돌아오네

여보게 다들 있는 아들자랑 하겠냐만
누구나 소중한 자식 사랑이라지만
내게는 더 소중한 아들의 마스코트

아침

고개 숙여 글 읽다 올려다본 하늘
짙은 구름사이 빛나는 황금 빛
아낌 없는 황홀함 가슴속에 흐른다

이 아침에 높이 떠 세상을 비추이는 빛
무어가 있어 이토록 아름다울까
마음에 키우는 꿈이 이처럼 예쁠까

온 세상을 환하게 아름답게
내가 가는 길 같이 함께 가주렴
그 꿈 이루게 찬란히 찬란히.

노숙자

제 멋대로 널부러져 산다
비둘기도 함께 산다
달리는 자동차 소리
소음 아무렇지 않게 산다

한때는 귀한 집 울타리들이었건만
어디서 유성 되어 이곳에 왔을까
긴 행렬에 엷어진 창자를 채우고
한없는 모자람에 가슴 아픈 사람들

불쌍하단 마음보다 그냥 무덤덤
도심 속 중심가에 살고 있는
이 사람들은 오늘도 내일도 변함없이
이 삶의 현장을 떠나려하지 않는다

도심 속 중심가 한 귀퉁이 자리하고
오늘도 내일도 아픈 현장 지킨다.

인생

산다는 자체가 안타까운 허무였나
즐거운 수업 못 받고 입원중인 어르신

예상 못한 일들 연속 그것이 인생사
하나 둘 해결하며 살아감이 현실인가
고통을 호소하며 지내실 어르신
빠른 쾌차 바라며 건강을 빌어본다.

알람

또로록 또 또로록 귓전에 울어댄다
꿈속으로 다시 갈 때 어김없이 다시 운다

조금 더 조금만 더 꿈속 여행 하고픈데
또로록 또 또로록 한 치의 양보 없이
부스스 날 깨우며 아침을 맞이한다

누구의 부탁 없이 하던 일 척척하는
숙련된 선수처럼 분주히 끝내고는
내 몸도 바깥 세상 일터로 향한다
또로록 또 또로록 알람소리 함께.

마이탑사

장엄히 넓디넓게 온 몸 다해 내리친다
다량 비 쏟아져야 본다는 자연폭포

때 만나 토해내는 인고의 한풀이
원 없이 풀어내는 자연의 천해절경

문명의 깨우침 편안한 답사일까?

흔들리는 삶

이쪽 바닥 저쪽 바닥 멋대로 흩어져서
이르디 이른 시간 마시는 건 술 뿐이고
거리를 아수라장 쓰러지고 무너지네

어제도 오늘도 변함 없는 삶속에서
거리를 장악하고 혼란함에 헤매여도
여기는 내 자리 굳굳이 지켜낸다

민중의 지팡이 어떻게 어찌할 바 모르고
끼리끼리 대책 없이 질긴 인생 논하는데
질기다고 말하는 흔들리는 그들의 삶.

코로나19

모두가 조심조심 몸들을 사리면서
일들은 봐야 해서 외출은 신경 쓰고

걱정으로 쌓여져 사회적 거리두기
마스크 미착용시 출입금지 길 막고

모두가 안정된 삶 꿈꾸고 있지마는
시간만 가고 있고 되는 것 하나 없고
여기도 저기도 늘어만 가는 확진자
서로가 조심조심 여기도 저기도.

아가씨

기분 좋은 한마디 아가씨라 부른 소리
가는 길 물어보는 고 스님 한마디

나이 육십에 싫지 않은 그 한마디
이른 아침 그 소리 기분 좋은 하루되네

소중한 한마디 말 곱씹어 생각하며
듣는 사람 기분 좋게 말한 사람 행복하게

인격과 품위 담은 아름다운 말 한마디
온 종일 내 귀에 맴도는 말 한마디

욕심은?

한적한 길섶에 파릇파릇 돋아나
오고가는 행인들 발길에 밟히며
질기디 질긴 생명줄을 연명한다

세상을 향해 꽃대를 세우더니
온통 질경이 길로 만들어 놓는다
우리들의 욕심을 배운 것인 듯.

서울역 광장엔

날씨가 쌀쌀해지더니만 하나 둘
움막집이 들어서기 시작합니다

때로는 고성방가 소리를 질러도
터 잡아 앉은 자리가 아수라판
그러려니 그냥 지나쳐갑니다

줄서기 긴 행렬 주린 배를 채워도
현실의 목마름 저곳이 이곳인데
삶의 자리 끈질기게 오늘도 이곳에서.

운동

새벽 일찍 나와서 벌써부터 트랙 돌며
열심히 걷고 뛰는 부지런한 사람들

앞사람의 보폭 따라 부지런히 걷다보면
침묵의 시간 흐르면서 살포시 열이 난다

일찍 일어난 새가 먹이도 먼저 찾듯
새들의 분주함 속 지저귀는 노랫소리
주린 배를 채우려는 그들의 아우성

생명체를 깨우는 동트기 전 새벽 공기
일찍이 맞이하며 힘차게 출발이다.

코로나 성탄

매서운 추위에도 물러날 줄 모르는
안타까운 이 현실 어찌한단 말인가
점점 다가오는 너의 확산 두렵다

세상은 캐롤송이 울려 펴져오고
넘실대는 네온빛의 유혹에 빠지며
모두가들 들떠서 놀고픈 마음인데

어쩌지 못하고서 놓아버린 아쉬움
깊어가는 겨울밤 하얗게 빠져든다.

삼일절

바람에 펄럭이는 태극기 아픔으로
그날에 함성들이 들리는 듯 나부낀다

민족의 설움일까 하늘도 우는데
세상은 안타까이 어수선한 지금이다

거리에는 함성소리 절절하게 들린다
나라를 이끌어 갈 대통령 누구일까

바람에 말하며 선열들의 아픔 품고
망각 않고 바르게 참된 이 나라를
어루만져 이끌어갈 큰 그릇이었으면.

도서관 꼬마

어머니 손을 잡고 함께 온 꼬마친구
열심히 둘러보고 맘에 드는 책 선정

선생님 이 책들 돈을 내고 보는가요
그럼 세상에는 공짜라는 것은 없단다
우리 국민들이 모아서 내신 피땀
덕분에 공짜처럼 편리하게
책을 볼 수 있는 거지요

두 눈을 동그랗게 뜨고는 빤히 보다
어머니 손잡고 긍정하며 돌아간다.

길

수많은 사람들이 지나간 이 길을
나그네가 되어서 타박타박 걷는다

바쁘게 종종걸음 무얼 그리 서두는지
자신의 길을 찾는 이 시간이 행복하다

열심히 살아내는 인생길 따라가는
애틋한 삶의 길 아름답게 보인다

동녘에 해 오르긴 아직은 이른 때
부지런한 사람들 존경의 박수를.

가을

곱디곱게 수놓은 이곳저곳 빨간 홍시
멀리서 가까이서 눈길을 잡는다

지난밤 지루하게 쏟아낸 가을비로
와르르 옷을 벗고 겨울을 준비한다

잎사귀 떨궈낸 감나무 끝 까치밥이
주렁주렁 인심 좋게 그림처럼 달렸다

한해의 알찬 결실 갈바람에 출렁이고
자연 앞에 고개 숙여 감사 기도 올린다.

■시평■

아름다운 그리움

정 동 진 (관악문인협회 회장)

　구름 한 점 없이 맑은 하늘에서 비추는 따스함을 안고 후두둑 쏟아진 낙엽을 한 장 한 장 모아 책갈피에 꽂아 놓듯이 가슴 뭉클한 시어들이 모인 손화숙 시인의 작품을 대하면서 왠지 숙연함과 아련함이 가슴 한켠에 자리 잡는 것은 가을의 외로움만은 아닐 것이다.
　전편에 나타나는 손시인의 작품 속에는 대청호에 수몰된 아련한 고향의 그리움과 자연의 아름다움과 현실의 애틋함과 오랜 인생의 경험 속에서 우러나오는 깊은 울림과 느낌을 여실히 표현해 준다 하겠다.

　손시인의 작품의 완성도는 입에 감기는 감칠맛 나는 구성과 탁월한 비유법과 표현력을 바탕으로 오랫동안 고뇌하고 갈고 닦은 결과로서, 자신의 감성과 삶의 경험을 거미줄처럼 한올 한올 엮어 나갈 수 있는 것이, 혹독한 훈련과 스스로 자신의 감정을 제어할 수 있는 능력을 겸비하여

야만 가능한 필치로서, 조금은 후회도 있을 법한 인생항로 중간을 살짝 넘어 아쉬움과 그리움 그리고 안타까움과 기대감이 새로운 세상으로 날개 짓 하고픈 인생의 아름다움이 물씬 묻어 나오게 한다.

    옛 자취 더듬어 걷고 걸어 보건만
    기억 속의 향기 없이 그때 그곳 아니어라

    송홧가루 날리고 아카시아 향내 품은
    푸르고 푸른 강 고요 속에 잠든다

    어릴 적 물장구 물 무지개 만들며
    손잡고 놀던 친구 그립고 보고 싶다

    대청호 깊은 물 침묵 속에 미소 품고
    쏟아지는 하늘만 받아 안고 숨 쉰다.

                        -「고향」 전문

  이 작품은 지금은 수몰된 고향의 옛 추억을 그리워하는 모습이 더욱 아련함을 자아내게 하며 유년 시절을 잔잔하게 엮어나가는 선명한 이미지 전개가 안정된 자신만의 세계를 구축하는 요인으로 작용해 시적 연륜을 감지하게 한다.

    그분만 봐라보며 쑥쑥쑥 자랍니다
    오로지 당신만을 그리며 커갑니다

당신을 닮아서 둥굴어진 얼굴되어
빼곡히 들어차 알알이 살 찌운다

당신을 볼 수 없어 슬픔에 목마르며
당신을 그리면서 고개를 숙입니다

당신을 볼 수 없게 강하게 비친 햇살
까맣게 눈 멀어도 당신만을 그립니다.

-「해바라기」 전문

 이 작품은 기다림을 품고 피는 해바라기의 아름다움을 그리움과 기다림으로 승화시킴으로서 순수한 감성이 깃든 자연현상을 조화롭게 표현하였으며 깊이를 감당하기 힘들 만큼의 내면적 무게감을 부드러운 시어와 탁월한 구상으로 엮어나간 간결한 표현력은 물론 직유와 은유의 조화로운 비유법을 통하여 현실을 적절한 시어로 엮어낸 아름답고 깊이 있는 작품이다.

가만히 거울을 들여 다 봅니다
주름지고 하이얀 머리 스쳐 지나갑니다.

한살 두살 쌓여가는 세월 속에
살포시 겹쳐지는 희미한 당신 모습

생존경쟁 아귀다툼 현실의 고달픔
거울에 투명된 희미한 그리움

어머니 오랜 세월 당신은 내 마음 속.

-「회상」전문

이 작품은 어머니에 대한 그리움을 자신의 모습에 대비시켜 그리움을 서정성과 현실인식을 통해 발현시키고 자신만의 독특한 미학을 견지하며 문학적 완성도와 작가정신 구현에 충실한 작품이라고 하겠다.

깔끔한 시어를 통해 상큼하고 아름다운 그리움의 순간을 가감 없는 표현을 통해 어머니의 사랑과 존재를 함께 느끼게 하며, 시인의 가슴속에 간직한 아련한 추억과 사랑을 소환해 내어 리드미컬하게 엮어 나간 것이 한층 더 작품의 완성도를 높였다.

손화숙 시인의 작품은 그리움과 아쉬움, 인생 내면의 세계를 찾아 훨훨 날아가고 싶은 심정을 부드럽고 싱그럽게 표현함으로서 독자들로 하여금 편안함을 주는 작품으로 고향의 그리움과 자연의 현상, 일상에서의 안타까움을 놓치지 않고 섬세하게 간파하여 내면의 감정을 억제하고, 리리시즘의 회화성과 음악성으로 아름답고 날카로운 문체와 정갈한 표현을 통해 시의 완성을 보여 준 작품으로, 안타까운 현실의 아쉬움을 넘어 미래로의 희망을 깔끔한 시어를 통해 독자에게 펼쳐 보이며, 가슴속 깊은 곳에서 솟아나오는 인간의 모습을 독자에게 전달하고자 한 노력은 그동안 손화숙 시인의 고심과 고뇌와 꾸준한 노력과 결과일 것이다.

간결하고 아름다운 문체가 기본이 된 작품 속의 사랑과 내면은 독자들의 심금을 울리기에 충분하고 그로 인하여 부족한 인간의 내면을 공유하기에 충분하다.
수많은 습작을 통하여 아름답고 귀한 시어를 찾기 위한 고달픔을 멈추지 않은 결과로서 간결하고 아름다운 문체가 기본이 된 작품속의 내면은 독자들의 심금을 울리기에 충분하고 그로 인하여 부족한 인간의 내면을 공유하기에 충분하다.
삶의 연륜과 경험과 세상을 바라보는 깊은 내면의 세계를 통해 미래로의 희망을 가질 수 있게 해주기 위해서는 습작에 대한 노력과 열정, 그리고 아름답고 귀한 시어를 찾기 위한 고달픔을 멈추지 않은 결과로서, 한 단계 더 증진하는 작품집이 탄생 된 것에 대해 거듭 축하의 말을 하지 않을 수 없다.

첫 번째 작품집을 출간하는 손화숙 시인에게 진심으로 축하를 보내며 한권의 작품집 탄생의 고통과 어려움을 잘 아는 필자로서 감히 존경과 사랑을 보낸다.
아울러 아름다운 고통속의 열매가 탄생됨을 여러 문우들과 함께 갈채를 보낸다.
더욱 노력하여 독자들과 상상의 나래를 공유하는 큰 시인이 되길 기원 드린다.

사랑은 향기가 되어

손화숙 시집

초판 1쇄 인쇄 · 2022년 11월 20일
초판 1쇄 발행 · 2022년 11월 25일

지은이 · 손 화 숙
펴낸이 · 김 영 만
주 간 · 이 현 실

펴낸곳 · **지성의샘**
등록번호 · 2011. 6. 8. 제301-2011-098호

주소 · 서울시 중구 을지로 14길 16-11 (2층)
편집부 · (02) 2285-0711
영업부 · (02) 2285-2734
팩 스 · (02) 338-2722
이메일 · gonggamsa@hanmail.net

ⓒ 2022. 손화숙, Printed in Korea

값 12,000원
ISBN 979-11-6391-053-4